Milton Keynes UK
Ingram Content Group UK Ltd.
UKHW050221021124
450572UK00004B/17

9 781839 904752